AF312374

COLLECTION

GEOFFROY-DECHAUME

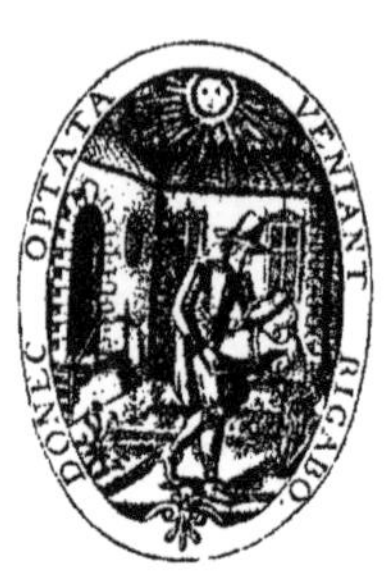

IMPRIMERIE LEMALE ET Cie, HAVRE

La vente Geoffroy-Dechaume

On vendait hier, salle Drouot, une partie de la collection Geoffroy-Dechaume. L'État s'y est rendu acquéreur, aux applaudissements de l'assistance, d'une des œuvres les plus puissantes de Daumier, si longtemps méconnu comme peintre. On n'imaginait pas qu'un caricaturiste, si grand qu'il fût, eût le don de peindre, et il a fallu des années pour que le maître du crayon fût classé au rang des maîtres peintres. Encore ne payait-on pas ces robustes morceaux ce qu'ils valent. La journée d'hier a été décisive en ce qu'elle les a fait monter, grâce à l'intervention de l'État, à leur juste valeur.

La toile acquise, au nom des musées nationaux, par le conservateur du Luxembourg, M. Léonce Bénédite, et payée 12,100 francs, est l'illustration très personnelle, très curieuse, écrite par un grand coloriste, d'une fable de La Fontaine, *les Voleurs et l'âne*. Tandis que les deux premiers larrons se bousculent, un troisième enfourche la bête et disparaît avec elle.

Quantité d'autres Daumier se sont vendus, à des prix moins élevés, mais satisfaisants :

Les *Curieux à l'étalage*, 1,000 fr. ; le *Barreau*, 3,250 francs ; *Sortie du bateau à lessive*, 5,400 fr. ; *Le Boucher, marché de Montmartre*, 2,850 fr., Parmi les dessins, *Avocats se rencontrant sur les marches du Palais*, 1,550 fr. ; *Avocats causant*, 1,600 fr. ; le *Forgeron*, 1,010 fr. ; le *Boucher de Montmartre*, 1,300 fr.

Signalons parmi les autres enchères, trois Corot : le *Vallon de Châtillon-sur-Saône*, 7,000 fr. ; les *Dunes de Dunkerque*, 10,700 fr. ; le *Port de Dunkerque*, 5,100 fr.

Plusieurs études, par Daubigny, se sont bien vendues : le *Ravin d'Optevon*, 7,000 fr. ; le *Ru de Valmondois*, 7,000 fr. ; *Un verger*, 2,700 fr. ; le *Soir au bas Meudon*, 5,000 fr. ; les *Fourneaux près Grand'ville*, 2,400 fr. ; le *Moulin Mignot*, 1,600 fr. ; *Un bras de la Marne près Creteil*, 1,700 fr. ; l'*Ancien quai de Bercy*, 2,150 fr.

Quelques études et esquisses à l'aquarelle, par Meissonier, ont obtenu des prix relativement modestes. Un tableau de la première manière, *Joueur de cornemuse*, 2,000 fr. ; *Portrait de Mme Augustine Brohan*, dessin à la mine de plomb, 1,000 fr. ; la *Lecture chez Diderot*, calque sur papier glacé frotté à la sanguine, 1,050 fr. ; le *Cavalier*, dessin à la plume et au crayon, 260 fr. ; *Jeune homme assis*, dessin à la mine de plomb, 250 fr. ; le *Savetier*, dessin à la mine de plomb, 300 fr. ; l'*Ange déchu*, dessin sur bois à la mine de plomb et à la gouache, 400 fr. ; le *Maréchal-ferrant*, dessin sur bois à la mine de plomb, rehaussé de gouache, 305 fr.

Cette première vacation a produit 118,028 fr.

DAUMIER AU LOUVRE

Les « Voleurs et l'Ane ». — La collection Geoffroy-Dechaume. — Manifestation chaleureuse. — Place retenue

Une bonne nouvelle pour les amis de l'art et une occasion pour nous d'adresser cette fois à l'administration des beaux-arts des félicitations sincères.

Hier avait lieu la vente de la collection Geoffroy-Dechaume, le regretté conservateur du musée du Trocadéro. Les maîtres principalement représentés dans cette collection étaient Corot, avec trois toiles dont une surtout charmante, le *Port de Dunkerque* ; Daubigny, avec d'assez nombreux paysages ; et enfin Daumier, avec les *Voleurs et l'Ane*, une de ses œuvres les plus caractéristiques, la *Blanchisseuse*, le *Barreau*, etc., etc.

L'État s'est rendu acquéreur des *Voleurs et l'Ane* pour la somme de 12,100 francs.

Cette toile, très vigoureuse de couleur et d'un mouvement superbe, met en action la fable de La Fontaine. Au premier plan on voit un des voleurs terrassé par l'autre qui le bourre de coups de poing, et au fond, le « troisième larron » monté sur « maître Aliboron » s'éloigne et va disparaître dans un pli de terrain.

C'est M. Léonce Bénédite, le sympathique conservateur du musée du Luxembourg, qui a poussé cette œuvre remarquable et lorsqu'elle lui a été adjugée les applaudissements ont éclaté dans la salle.

Cette justice était bien due à un peintre admirable, un des premiers de ce temps, qui fut si longtemps méconnu, et que l'on dédaignait encore il y a peu d'années en le désignant du nom de simple caricaturiste.

En attendant que l'on mesure à sa juste valeur l'œuvre et l'influence de Daumier, les *Voleurs et l'âne* ont leur place marquée maintenant au musée du Louvre.

Peut-être M. Bénédite tient-il, et cela se concevrait fort bien, à garder son excellente acquisition pour son propre musée, bien que réglementairement (Daumier étant mort en 1879) le tableau puisse dès maintenant aller rejoindre ceux de Corot et de Millet, de qui Daumier fut l'intime ami.

Mais les œuvres peintes de Daumier, étant devenues assez rares par suite du pillage de son atelier, il y a deux ou trois ans, dans les conditions que l'*Éclair* a racontées, il importe que des mauvais vouloirs ne fassent pas envoyer celle-ci dans quelque musée de province.

Le tableau de Daumier, les *Voleurs et l'âne*, dont nous avons annoncé dans le corps du journal l'acquisition par l'État, figurera au musée du Luxembourg.

Il a été payé en partie par la caisse des musées nationaux, en partie par le donateur anonyme qui a déjà fait don à l'État, l'an dernier, de la *Reddition de Huningue*, de M. Edouard Detaille.

15 avril. — **Paris, deux heures.** — Presque rien à signaler à propos de la réponse des primes qui passe aperçue.

Après un assez bon début, le marché fléchit en ce moment; sur le 3 0/0 le cours de 96 a été franchi à l'ouverture; la lutte s'est ensuite établie aux environs de ce cours; mais par suite des ventes qui ont continué encore aujourd'hui, et qui ont pesé sur le comptant aussi bien que sur le terme, le cours de 96 vient d'être perdu. On se tient maintenant aux environs de 95 92, après 96 07 au plus haut à l'ouverture. Au comptant, il a débuté à 96 pour fléchir aussitôt à 95 92.

Les primes pour fin courant se traitent à 0 27 d'écart dont 0 50 et 0 50 d'écart dont 0 25.

Le 4 1/2 est ferme de 107 à 106 95 à terme et de 106 95 106 90 au comptant.

Parmi les fonds étrangers, le Brésilien 4 0/0 descend à 75, en moins-value de 1/2 point sur la clôture d'hier. L'Extérieure est très calme; de 67 10, son premier cours, elle fléchit à 66 90. L'Italien est lourd de 92 95 à 90. Le Turc est très ferme de 22 25 à 22 22. Le Hongrois est offert à 96 francs et le Portugais à 22 90.

Le marché des établissements de crédit est très calme. Le Crédit foncier varie de 971 à 970. La Banque de Paris de 672 à 671 et le Crédit lyonnais de 762 à 760. Le Comptoir national d'escompte est coté 505, et la Banque ottomane 603 et 605. La Société générale a fait 469; la Banque des Pays autrichiens 528 et 530.

Le Suez est ferme à 2,645 et 2,647, et le Gaz à 1,395.

Nos chemins ont un marché très étroit. On cote, le Nord, à 1,870 et 1,872, et le Lyon à 1,540. Les obligations de ces compagnies sont un peu plus faibles par suite d'offres suivies.

Les chemins étrangers sont en reprise : les Autrichiens à 647 et 648, et les Lombards à 257; le Nord de l'Espagne a été demandé à 183, et le Saragosse à 216.

L'obligation des Chantiers de la Loire est à 463.

Le Rio-Tinto est en reprise à 392.

Trois heures. — Le marché est plus faible par suite des dépêches de Belgique.

3 heures 30. — 3 0/0, 95 85 º/o. — Roubles, ... º/o. — 0/0 hongrois, 95 15/16. — Extérieure, 66 7/8. — Portugais, 22 13/16. — Egyptien 6 0/0, 507 18; dito 3 1/2, 485 ... — Turc, 22 12. — Banque ott., 601 87. — Douanes, 481 25. — Tabacs ottom. 377 50. — Priorité, 435 ... — Rio, 391 87. — Tharsis, 128 75 º/o. — Alpines, 131 25 º/o. — De Beers, 514 37.

15 avril — Cours du Paris : Londres à Paris, 25 14 1/2; Espagne à Paris, 4 34 3/4; à Berlin, 81 25; roubles à Berlin, 210 85; à Genève ...; napoléons à Vienne, 9 76; Amsterdam, 48 13 3/4; en Italie, 104 30; Londres à ..., 12 3/4; dito à Valparaiso ... ... Paris à Vienne.

...culpabilité.

Cependant d'autres crimes furent commis aux environs de Balleul et la terreur régnait dans la campagne.

Plusieurs arrestations eurent lieu, entre autres, celle d'un nommé Vauhalryn, ouvrier belge, qui fut reconnu coupable de deux meurtres remontant à la même époque que celui de Martin Doize.

Sur ce, la montre de celui-ci fut retrouvée chez un horloger, qui dit la tenir d'un autre ouvrier belge, le sieur Verhamme. Et Verhamme, arrêté, fit des aveux stupéfiants : c'était lui qui, avec Vauhalryn, avait assassiné le père Doize.

Tous deux furent condamnés à mort, puis, leur arrêt ayant été cassé comme inconciliable avec celui qui avait condamné Rosalie Doize pour le même crime, ils comparurent devant une troisième cour d'assises en même temps que la femme Gardin, qui, extraite de sa prison, dut venir s'asseoir sur le même banc que les assassins de son père, pour s'y entendre acquitter, tandis que les deux assassins étaient de nouveau condamnés à mort.

Seul, d'ailleurs, Vauhalryn monta sur l'échafaud. Les aveux de Verhamme lui valurent sa grâce.

On sut alors comment la femme Gardin avait été amenée à se reconnaître coupable d'un crime qu'elle n'avait pas commis.

Rosalie Doize

Cette malheureuse était absolument bornée. De plus, elle n'entendait point le français et s'expliquait avec beaucoup de peine dans son patois flamand. Le régime effroyable de la mise au secret, joint à son état de grossesse avancée, avait achevé de l'annihiler. Elle n'avait compris qu'une seule chose ; qu'on l'avait mise au cachot, au « trou noir » comme elle disait; que, pour ne pas mourir, elle en devait sortir; que pour en sortir il fallait dire ce que voulait le juge d'instruction, et que, pour n'y pas retourner, il faudrait toujours continuer de dire comme elle avait commencé, au moins jusqu'au jour du jugement. Pas une minute d'ailleurs, ajouta-t-elle, elle n'avait désespéré de l'issue définitive de son procès.

« Mais comment, lui disait le président, avez-vous persisté pendant cinq semaines dans vos aveux ? — Je ne savais que dire pour sortir du trou noir, je ne voulais pas y rentrer! et je voulais sauver mon enfant ! »

Sans se rendre compte qu'un miracle seul avait pu la sauver, en faisant découvrir par hasard son innocence, elle disait après sa mise en liberté : « Je savais bien qu'à un moment donné on finirait par me rendre justice ! » Ce pauvre être n'avait que l'instinct maternel.

Le plus curieux fut que la politique se mêla de cette affaire, et que l'opposition...

COLLECTION

GEOFFROY-DECHAUME

TABLEAUX, DESSINS, GRAVURES

OBJETS D'ART

PARIS

G. STEINHEIL, ÉDITEUR

2, RUE CASIMIR-DELAVIGNE, 2

—

1893

SUCCESSION DE M. GEOFFROY-DECHAUME

STATUAIRE

CONSERVATEUR DU MUSÉE DE SCULPTURE DU TROCADÉRO

TABLEAUX MODERNES

DESSINS ET AQUARELLES

PAR

COROT, DAUBIGNY, DAUMIER, J. DUPRÉ. MEISSONIER, ETC.

BRONZES ANCIENS DE BARYE

GRAVURES, ESTAMPES, OBJETS D'ART. TAPISSERIES ET ARMES

Composant la collection de feu M. GEOFFROY-DECHAUME

DONT LA VENTE AURA LIEU

HOTEL DROUOT. SALLE N° 6

Les Vendredi 14 et Samedi 15 Avril 1893, à 2 heures

EXPOSITION : PARTICULIÈRE. *le Mercredi 12 Avril 1893.*
      »   PUBLIQUE, *le Jeudi 13 Avril 1893.*
DE 1 HEURE A 5 HEURES

COMMISSAIRE-PRISEUR

M. G. DUCHESNE, 6, rue de Hanovre.

EXPERTS :

Pour les tableaux et bronzes	Pour les gravures	Pour les objets d'art
M. M. MALLET	M. SAGOT	M. A. BLOCHE
13, rue du Helder	*18, rue Guénégaud*	*25, rue de Châteaudun.*

CONDITIONS DE LA VENTE

Elle sera faite au comptant.

Les acquéreurs paieront en sus des adjudications cinq centimes par franc applicables aux frais.

Aucune réclamation ne sera admise une fois l'adjudication prononcée.

ORDRE DES VACATIONS

Vendredi 14 Avril 1893

Tableaux . . . . du n°	1	au n°	47
Dessins et Aquarelles . . . . »	48	»	73
Bronzes de Barye. . . . . »	74	»	77
Objets d'Art . . . . »	286	»	322

Samedi 15 Avril 1893

Gravures et Lithographies . . . . . . du n° 78 au n° 285

NOTA. — Les amateurs pourront examiner les Estampes chez M. Sagot, 18, rue Guénégaud, le Lundi 10 Avril 1893, de 2 heures à 5 heures.

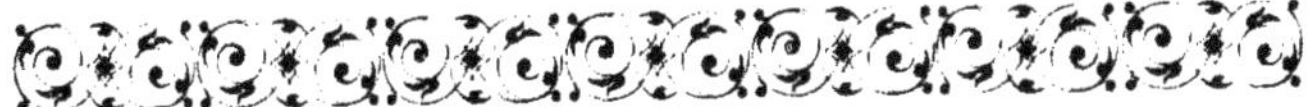

GEOFFROY-DECHAUME

M. Geoffroy-Dechaume fut un des caractères les plus droits, un des hommes les meilleurs et les plus sincères, un des artistes les plus savants et les plus passionnés, en un mot une des plus nobles figures de ce siècle.

C'est pourquoi il demeura un des moins connus.

D'ailleurs il ne se souciait point de l'être. Abandonné à ses propres ressources et à son courage depuis l'âge de seize ans, il ne cessa, pendant soixante années, de travailler, et par conséquent de penser. Sa vie était trop bien remplie pour être prônée, et son esprit d'essence trop pure pour qu'il fût sensible à la gloriole. Il ne voulait point que l'on parlât de lui. Parfois les faiseurs de dictionnaires biographiques lui adressèrent de ces formules tout imprimées où le destinataire ne se refuse généralement guère à inscrire ses titres, ses ouvrages, et les qualités qu'il se reconnaît. M. Geoffroy-Dechaume ne répondit jamais à ces questions confiées à sa boîte aux lettres. Et voilà pourquoi le dictionnaire est muet.

Toutefois il semble que ce soit pour nous un devoir, et en tous les cas ce nous est un pieux et consolant honneur d'essayer de fixer en quelques lignes sa carrière et son caractère, au moment où vont se disperser les compagnons de sa pensée, de ses travaux, de sa simple et digne vie : ces estampes, ces dessins, ces peintures, ces objets d'art, qui lui venant pour la plupart d'artistes qu'il aimait et qu'il admirait, lui étaient par suite doublement amis.

Notre pensée se transporte souvent, et invinciblement dans son atelier du quai d'Anjou, à l'extrémité de cette paisible, fière et honnête île Saint-Louis dont le calme fait si grand contraste avec le fracas vide et vaniteux des quartiers où l'on est censé lutter. On arrivait, dans cette maison toute simple, mais de proportions vastes, au pied d'un escalier à la forte rampe de bois. Et c'était, dès l'abord, tout un

musée. De magnifiques moulages de sculptures des treizième et qua-
zième siècles couvraient toute la muraille : on était accueilli par d'im-
mobiles et sereines figures de vierges, d'anges, de rois et de prophètes,
se détachant parmi des fleurons magistraux, des rinceaux opulents.
Et l'on pouvait mettre beaucoup de temps à monter la dizaine de marches qui conduisaient à la porte de l'atelier de ville où le maître
statuaire étudiait, comparait et notait.

En deux hautes pièces de ce rez-de-chaussée comme il semble que
l'on n'en puisse voir guère que dans l'île, le musée, commencé au dehors,
se continuait, se compliquait, s'entassait. Des plâtres grimpaient les
uns sur les autres que l'artiste avait accumulés au fur et à mesure de
ses recherches ou de son plaisir. Une grande toile, simplement posée
à terre faute de place, de cadre ou de temps, attirait les regards par
sa profonde et austère couleur, sa belle simplicité de dessin, et cette
œuvre forte et magnifique représentant des pauvres, des aveugles,
des sœurs hospitalières, était une des très rares peintures, si tant
est qu'il en reste d'autres, de Trimolet, un des plus chers amis de
jeunesse, et toujours regretté.

Dans la seconde et la principale pièce, dont la fenêtre large et
haute laissait abonder le grand jour tranquille de la Seine, les dessins
montaient du lambris au plafond ; les cartons se gonflaient de docu-
ments ; dans des rayons, sur des tablettes, se pressaient des esquisses,
des fragments anciens ou modernes, ou enfin sur des sujets se dressaient
quelques beaux bustes qui étaient de la main de M. Geoffroy-Dechaume.
Quant aux fragments de sculpture, c'étaient encore de ces joyaux
brisés du moyen âge, et les dessins pour la plupart étaient de Daumier,
de Daubigny, de Steinheil, de Corot. Ainsi s'affirmaient, depuis la porte
jusqu'à la fenêtre, les prédilections du bon maître : les vieux imagiers
français, et l'ardente école dite de 1830 parmi laquelle, au premier
rang, il avait travaillé et bataillé.

Lorsque nous l'avons vu pour la première fois, c'était pour lui de-
mander sur Daumier des renseignements que seul il demeurait à même
de donner aussi complets et aussi profonds. M. Geoffroy-Dechaume se
tenait à sa place habituelle, assis près de la fenêtre encadrée d'un
arbuste grimpant, lierre ou vigne-vierge, poussé là étrangement, et
qui n'a point dû survivre quand le sculpteur quitta cet atelier. Il était
impossible de ne pas ressentir, dès le face à face, une confiance et une
vénération profondes. La confiance d'abord, par la juvénile cordialité
de son accueil ; puis la vénération par la réelle majesté de son allure,

la gravité aimable de sa façon d'écouter, et le langage plein de sens
et de suc avec lequel il vous répondait.

La tête était inoubliable ; coiffée d'une sorte de bonnet échancré
tel que Rembrandt en eût souhaité pour un de ses bons philosophes,
elle était adoucie par une ruisselante et soyeuse barbe blanche et
éclairée par des yeux bleus, mobiles, pénétrants, vifs, profonds.

Et tout cela disait avec une franchise infiniment rare par ce temps
où chacun porte un masque défensif et revêche, ce qu'était Geoffroy-
Dechaume, ce qu'il avait été toute sa vie : un mélange exquis de malice
et de bonté, de pétulance et de bonne grâce.

Passionné et bon ! quel plus beau caractère peut-on rêver pour
l'homme d'action et de travail ? Ce sont deux vertus, un peu de plus
nous allions écrire deux défauts, que l'on conserve toujours plus vives et
plus affinées jusque dans les années avancées qui d'ordinaire refroidis-
sent l'esprit et dessèchent le cœur. M. Geoffroy-Dechaume avait gardé
toute son ardeur de jeunesse pour la liberté et pour la beauté. Il prenait feu, il n'y a pas d'autre mot que cette familière expression, dès
qu'on le mettait sur le chapitre de ses admirations et de ses haines.
Les souvenirs de Corot, de Daumier, l'attendrissaient et l'égayaient
comme un pur, grand et robuste enfant ; la mémoire des luttes politiques auxquelles il avait pris sa bonne part, et dont cet atelier même,
si je crois bien, avait abrité quelques épisodes, excitait encore à dis-
tance sa chaleureuse verve, et lorsqu'il distinguait dans certains faits
du temps présent diverses analogies et fâcheuses résurrections, il les
dénonçait avec clairvoyance, les flétrissait avec une énergie extrême.

Que dire enfin ? Bien qu'il fût demeuré tendrement fidèle à ses
chers et vieux amis artistiques, il n'était pas d'effort d'aujourd'hui ou
même de demain qui ne fût sûr de trouver en lui un spectateur bien-
veillant et même encourageant. Et nous attestons l'avoir vu se passion-
ner pour des œuvres de la plus jeune et de la plus audacieuse école de
ces toutes récentes années. Cela, à vrai dire, ne peut surprendre que
les superficiels ou les sectaires. Tout s'explique par cette double
passion : il aimait l'art d'un esprit clairvoyant, et la liberté d'un cœur
désintéressé. Or, c'est cette profonde connaissance de notre art français du moyen âge, cet art qui a tout senti et tout osé, qui lui montrait
les saines analogies imperceptibles aux ignorants ou aux partiaux ; et
quant à la liberté, quand on l'aime passionnément, pour elle-même et
non pour en faire des phrases ou une situation, on n'a pas d'âge pour

cela : on l'aime jusqu'au bout, avec une persistante flamme de jeunesse, supérieur à ceux qui se considèrent comme des gens graves et de qui dépendent le bon ordre, la police, la férule, et toutes sortes de choses aimables.

Voilà, à peu près esquissée, une physionomie que nous aurions aimé à détailler bien plus longuement et plus tendrement encore, s'il ne s'agissait pas d'une simple préface et non d'un volume. Il nous faut compléter ces indications de portrait par quelques notes biographiques. Bien que plus sèches et plus précises, elles contribueront aussi à donner tout son attrait à cette personnalité charmante, vaillante et fine.

M. Geoffroy-Dechaume était né en 1816, le 29 septembre. Ses parents étaient sans fortune, et il ne voulait point, dès la quatorzième année, leur être à charge. A seize ans, il commença de gagner sa vie.

Il avait appris les éléments de dessin à l'école publique de la rue de l'École-de-Médecine, où Viollet-le-Duc, notez l'heureuse rencontre, des plus importantes pour l'avenir, était moniteur. Puis, il entra à l'École des Beaux-Arts. La maison qui faillit décourager Barye ne conserva pas longtemps Geoffroy-Dechaume ; son caractère était trop entraînant et trop gai ; et comme il paraît que la sagesse est indispensable pour un artiste suivant l'école, Geoffroy-Dechaume ne se souciant en aucune façon de cette vertu toute négative, alla compléter ailleurs, pour son plus grand bien, son éducation : ailleurs, cela veut dire, entre autres, chez David d'Angers.

On tâtonne parfois un peu à ses débuts. Le jeune artiste croyait vouer sa vie à la peinture et à la gravure. Mais comme de temps en temps, pendant les repos à l'atelier, il se divertissait à modeler, un de ses camarades et aînés, Ramus, frappé de ce que ces essais contenaient d'originalité et de vigueur, lui fit comprendre que sa véritable voie était la sculpture. Nous avons dit qu'à seize ans, M. Geoffroy-Dechaume gagnait sa vie : ses premiers travaux de sculpture furent une collaboration à la décoration de l'Arc de Triomphe et de la Madeleine.

Vers la vingtième année, il avait connu, à l'École, des artistes qui s'appelaient Daubigny, Trimolet, et Steinheil. Il forma avec eux cette charmante association, où brillent tout le désintéressement et tout l'intrépide abandon de la jeunesse, et qui est devenue assez célèbre dans l'histoire de l'art romantique, sous l'inexacte appellation d'association de l'île Saint-Louis.

Ce fut rue des Amandiers, puis rue de la Cerisaie, que s'était établi ce quatuor d'amis, et ils ne devinrent hôtes de l'île Saint-Louis précisément qu'après la rupture, pour cause de mariages, de l'association, mais non de l'étroite amitié.

L'idée était vraiment belle et délicate : trois des associés travaillaient, faisaient du « métier », pendant que le quatrième vivait de *leurs* rentes, et profitait de son année d'insouci des préoccupations matérielles pour engendrer et parfaire l'œuvre importante, l'œuvre de départ ! Lorsqu'on vient nous parler de vastes sociétés de secours, de sortes de vastes maisons de banque, crédits artistiques assimilables aux crédits agricoles, maisons Crespin de la peinture ou de la sculpture, on patauge dans l'utopie politico-humanitaire. Mais ces groupes restreints, cette fraternelle courte échelle peut, au contraire, être livrée en exemple, — quand aussi peuvent se rencontrer trois ou quatre solides cerveaux, et autant de cœurs vaillants et droits.

Trimolet fit sa *Maison de secours* dont nous avons parlé tout à l'heure ; Steinheil et Daubigny purent aussi exécuter et exposer d'importants tableaux. Les circonstances, — mais que cela ne soit pas pour donner un démenti ou un affaiblissement à cette féconde idée de l'association restreinte, — voulurent que Geoffroy-Dechaume ne pût profiter des mêmes avantages.

Parmi les travaux de « métier » auxquels il se livrait pour gagner sa vie et contribuer pour sa part à celle de ses amis, l'orfèvrerie occupait une large place. M. Geoffroy-Dechaume fut donc un des premiers artistes de ce siècle qui contribuèrent à la remise en honneur, aujourd'hui si éclatante, de l'art appliqué. Ainsi avait fait Barye. Les orfèvres chez lesquels travailla M. Geoffroy-Dechaume furent Wagner et Froment-Meurice. Entre autres travaux, on peut citer le vase *Ondine,* pour le duc de Luynes, et, pour le duc d'Orléans, un surtout exécuté en collaboration avec Cavelier et Michel Pascal, sous la direction artistique de Barye.

Les ouvrages d'orfèvrerie l'occupèrent fort largement jusqu'en 1848. Pendant ce temps, il s'était fixé dans l'île Saint-Louis, et c'est alors que non plus association, mais active et vivante colonie, tout un groupe d'artistes habita ou voisina. Les braves gens et les bons maîtres qui habitaient porte à porte ou venaient voir régulièrement et avec assiduité leurs camarades de l'île, étaient Daubigny, Corot, Daumier, Jules Dupré, Lavieille, Pascal, et plus tard A. Boulard, Bureau, Jean Bail, etc. Des dîners étaient institués où la gaieté, l'entrain, et cette sorte d'enthousiasme chevaleresque des gens dits de 1830, ne cessaient de régner, même dans les temps difficiles. Barye prenait part à ces réunions, et même il s'y déridait, — à sa façon.

En 1848, les commandes qui faisaient vivre M. Geoffroy-Dechaume s'arrêtèrent net. Il connut alors Lassus, et peu d'années après, son activité trouvait à s'exercer dans un champ plus haut et plus vaste, un champ admirable : il devait, pendant les trente dernières années de sa vie, se vouer à l'étude, à la conservation et à la restauration (mais insistons sur ce point, à l'intelligente, attentive et passionnément respectueuse restauration) de nos vieilles cathédrales, et sa considérable tâche ne consista pas moins à débarrasser les images admirables de surcharges indignes, de parasites embellissements, ou soi-disant tels, qu'à panser d'attristantes mutilations.

Avec Viollet-le-Duc, il travailla à Notre-Dame ; avec Lassus, puis Bœswilwald, à la Sainte-Chapelle ; à Laon, avec Bœswilwald encore ; puis à Caen, à Dinan, à Verdun, à Strasbourg... Il faudra qu'un jour cette histoire soit écrite en détail, et ce jour n'est pas très éloigné, grâce à l'intelligence que l'on a maintenant, par les efforts des Courajod, des Bœswilwald, des De Baudot, successeurs des Lenoir, des de Caumont, des Quicherat, des Viollet-le-Duc, des du Sommerard, de l'importance et de l'incomparable beauté de notre art ancien, si longtemps méconnu, et que seul l'enseignement officiel passe hypocritement sous silence.

C'est, comme on le voit, une carrière bien remplie et toute de beau labeur. Ainsi s'explique aussi que M. Geoffroy-Dechaume ait, pour ainsi dire, oublié de travailler pour lui et qu'il ait volontairement négligé d'accumuler ces œuvres *signées* et exposées qui encombrent les salons annuels et qui, à beaucoup de personnes, semblent la seule façon de mériter le nom d'artiste. Toutefois, il faut rappeler qu'il trouva encore le temps d'exécuter de belles œuvres d'orfèvrerie religieuse pour Bayonne, Quimper, etc., et, dans l'ordre contemporain, de beaux et purs médaillons de Daumier et de Corot, une exquise tête en marbre de Béranger sur son lit de mort pour le musée du Luxembourg, une statue de Ponsard pour Vienne, un buste de Trousseau pour l'École de Médecine, des bustes larges et puissants de Barye et de Daumier.

Lorsque la mort vint prendre, mais non surprendre, en pleine sérénité et possession de lui-même ce beau et bon vieillard, cet ancêtre dont le cœur se trouvait si bien en communication avec celui des jeunes gens, il était conservateur du Musée de sculpture comparée au Trocadéro. Il l'avait organisé avec du Sommerard, étant alors membre de la commission des monuments historiques et dirigeant les travaux de moulage. En 1885, à la mort du directeur du musée de Cluny, il se trouva donc tout désigné pour prendre la conservation de cette admirable et utile collection.

Ce fut un des sujets d'étude qui nous attirèrent aussi vers lui ; et pourtant nos entretiens portèrent presque toujours, tant la vie est brève et dispersée, sur les artistes qu'il avait connus.

Et quel plaisir c'était au vieil artiste de parler de ces hommes de son temps, de Daumier, de Daubigny, du bon et délicieux Corot! C'est en cela que les faiseurs de dictionnaires et d'histoires sont peu avisés : ils avaient là un répertoire d'idées et de faits d'une richesse extrême ; ils n'avaient qu'à puiser ; le trésor était ouvert. Geoffroy-Dechaume aurait refusé, comme toujours, de parler de lui ; mais il parlait si bien de ceux qu'il aimait !

Ces entretiens se passaient dans ce bel atelier calme et éclairé du rez-de-chaussée, pour réjouir dans leur sommeil vénérable les vieux plâtres et les vieux dessins ; se continuaient dans le patriarcal appartement du second étage, dont le balcon dominait la Seine couverte de chalands, ses berges activées de débardeurs, la rangée de bonnes vieilles maisons pressées, aux toits de tuile, aucunement modernes et que Daumier a si expressivement peintes. C'était alors l'histoire des tableaux de Daubigny, de Corot, de Daumier, qui se racontait ; l'histoire des superbes épreuves de Barye, du *Ratapoil* de Daumier, que sais-je encore ?

Ah ! cette petite, mais forte, mais inestimable collection, comme je voudrais la prendre pièce à pièce, parler de ces Daubigny que le peintre vint signer un jour, vers la fin de sa vie, « pour, disait-il à son vieil ami, tes enfants et tes petits-enfants » ; de ce Daumier, les *Avocats*, qui était, dans la chambre de Corot, le seul que le grand peintre gardât, avec le portrait de sa chère maman ; de bien d'autres enfin. Mais je ne pourrais me résigner à en faire ici l'inventaire froidement, et sans tristesse. Il y a des choses de premier ordre dans leur format modeste ; des Daubigny, des Corot, des Daumier, des Dupré, des Lavieille, des Ribot d'une qualité parfaite ; il y a aussi des dessins, des aquarelles, de Delacroix, de Daumier, de Meissonier, des estampes et des lithographies ; des sculptures et des bibelots.

Mais comment indiquer leur valeur matérielle quand je songe à la valeur de cœur que leur possesseur y attachait ? Hélas ! les souvenirs matériels se dispersent pour permettre de continuer à vivre, à ceux et à celles qui ne les laissent point partir sans un poignant regret. Mais l'autre, l'immatériel souvenir demeure, pur bienfait, suffisante consolation.

ARSÈNE ALEXANDRE.

TABLEAUX

CHARLET

1. — *L'enseignement mutuel.*

Tableau ayant figuré à l'Exposition centennale de 1889. Signé à gauche en toutes lettres.

Toile. Haut., 45 cent ; larg., 54 cent.

CHINTREUIL

2. — *Intérieur de bois.*

Étude sur toile.

Haut., 25 cent. ; larg., 16 cent.

COROT

3. — *Le vallon à Châtillon-sur-Seine.*

Au premier plan une grande prairie humide de rosée où cheminent deux jeunes paysannes. Sur la droite un petit ruisseau bordé d'arbres et au fond dans le feuillage, les bâtiments d'une ferme. Composition des plus simples dans laquelle règne une vive impression de fraîcheur par une belle matinée d'été.

Souvenir de la médaille offerte à Corot le 29 décembre 1874.

Bois, signé à gauche.
Haut., 33 cent. ; larg. 40 cent.

Gravé par Boulard.

COROT

4. — *Les dunes de Dunkerque.*

A gauche, une pêcheuse, son filet sur l'épaule, traverse des terrains sablonneux couverts d'une végétation d'un vert tendre.

Au second plan apparaissent les dunes qui longent la côte et abritent un petit village aux toits rouges.

Bois. Signé à droite.
Haut., 25 cent ; larg., 45 cent.

Gravé par Boulard.

COROT

5. — *Le port de Dunkerque.*

A gauche, l'entrée du port avec des bateaux à l'ancre.

Au premier plan, deux pêcheuses traversent les champs et se dirigent vers la ville que l'on aperçoit au fond, sous un ciel bleu parsemé de nuages.

Toile. Signé dans le bas au milieu.
Haut., 23 cent.; larg., 37 cent.

Gravé par Boulard.

DAUBIGNY (Charles)

6. — *Le ravin d'Optevoz.*

Au premier plan une grande prairie traversée par une route ; à gauche un monticule; plus loin des terrains accidentés descendent vers un ravin dont le versant opposé est couronné par un château fort en ruines.

Des groupes d'arbres disséminés dans le paysage, se détachent sur un ciel bleu.

Bois. Signé à droite.
Haut., 32 cent.; larg., 62 cent.

Gravé par Boulard.

DAUBIGNY (Charles)

7. — *Le ru de Valmondois.*

La petite rivière traverse le paysage, encaissée entre deux berges verdoyantes semées d'arbres fruitiers en fleurs.

A gauche deux laveuses.

Effet de printemps sous un ciel bleu.

Toile. Signé à droite.
Haut., 48 cent.; larg., 72 cent.

DAUBIGNY (Charles)

8. — *Un Verger.*

Le verger est traversé au second plan par un cours d'eau bordé d'arbres ; à gauche des enfants s'amusent sous les pommiers ; à droite deux paysannes causent en venant puiser de l'eau.

Toile. Signé à droite.
Haut., 55 cent. ; larg., 90 cent.

DAUBIGNY (Charles)

9. — *Le soir au Bas-Meudon.*

Le soleil se couche dans un ciel empourpré et projette sur tout le paysage sa lumière encore chaude des derniers rayons.
Les peupliers et les saules qui bordent la rivière, se réflètent dans l'eau.

Bois. Signé à gauche et daté 1874.
Haut., 38 cent. ; larg., 66 cent.

Gravé par Boulard.

DAUBIGNY (Charles)

10. — *Le Mont Valérien.*

Au premier plan, prairies avec vaches et moutons ; plus loin, la Seine masquée par un rideau d'arbres et tout au fond, les coteaux de Suresnes et le Mont Valérien se decoupant en tache sombre sur un ciel embrasé par le soleil couchant.

Bois. Signé à droite.
Haut., 12 cent. ; larg., 25 cent.

DAUBIGNY (Charles)

11. — *Le ru de Valmondois.*

Étude importante non signée et portant sur le châssis le cachet de la collection Geoffroy-Dechaume.

Toile. Haut., 1 m. 36 ; larg., 75 cent.

DAUBIGNY (Charles)

12. — Les fourneaux, près Grandville.

Une prairie sablonneuse animée par quelques figures, longe la plage jusqu'au pied des falaises qui ferment l'horizon.
A gauche la mer et au fond la pointe de Grandville.

Bois. Signé à droite et daté 1855.
Haut., 20 cent.; larg., 37 cent.

DAUBIGNY (Charles)

13. - Le moulin Mignot.

Ce moulin qui a disparu aujourd'hui, existait autrefois sur un des bras de la Seine situé entre Poissy et Vilennes.

Bois. Signé à gauche et daté 17 juin 1851.
Haut., 13 cent.; larg., 23 cent.

DAUBIGNY (Charles)

14. - Un bras de la Marne près Créteil.

Bois. Signé à droite.
Haut., 19 cent.; larg., 32 cent.

DAUBIGNY (Charles)

15. — L'ancien quai de Bercy.

Etude. Signé à droite.
Bois. Haut., 18 cent.; larg., 31 cent.

DAUBIGNY (Charles)

16. — Un bras de la Marne près Charenton.

Etude sur bois. Signé à droite.
Haut., 27 cent.; larg., 20 cent

DAUBIGNY (Charles)

17. — *Don Quichotte et les lions.*

Paysage historique exécuté par Daubigny pour le concours d'entrée en loge.

Toile. Signé à droite.
Haut., 1 mètre ; larg., 81 cent.

DAUBIGNY (Charles)

18. — *Paysage des environs de Paris.*

Toile. Signé à gauche.
Haut., 20 cent. ; larg., 42.

DAUBIGNY (Charles)

19. — *Terrains boisés, environs de Paris.*

Toile. Haut., 59 cent. ; larg., 84 cent.

DAUBIGNY (Charles)

20. — *Chaumière à Valmondois.*

Souvenir de la maison où fut élevé C. Daubigny.

Bois. Signé à droite et daté 1835.
Haut., 27 cent. ; larg., 44.

DAUMIER (H.)

21. — *Les voleurs et l'âne.*

Pour un âne enlevé deux voleurs se battaient :
L'un voulait le garder, l'autre le voulait vendre.
Tandis que coups de poing trottaient,
Et que nos champions songeaient à se défendre,
Arrive un troisième larron
Qui saisit maître aliboron.

De la Fontaine.

Tableau important dans l'œuvre de Daumier.
Toile. Haut., 58 cent. ; larg., 55 cent.
Signé à droite en toutes lettres.

Gravé par Boulard.

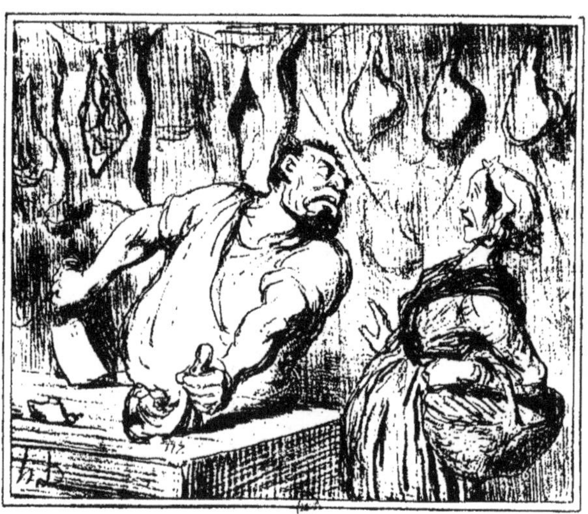

LE BOUCHER

Reproduction de la lithographie de DAUMIER, d'après son tableau.

N° 25 du Catalogue.

DAUMIER (H.)

22. — *Les curieux à l'étalage*.

Un amateur arrêté à la devanture d'un marchand d'estampes, en plein air, examine attentivement l'étalage. Près de lui, un gamin cherche à feuilleter un carton de gravures posé sur une chaise.

Bois. Signé du monogramme à droite.
Haut., 32 cent. ; larg., 25 cent.
Tableau provenant de la vente après décès de Corot.

DAUMIER (H.)

23. — *Le barreau*.

L'artiste a réuni dans ce petit tableau un groupe d'avocats qu'il a traités avec l'observation et la raillerie que l'on retrouve dans ses meilleures œuvres concernant les gens de justice.

Toile. Signé a droite en toutes lettres.
Haut., 33 cent. ; larg., 41 cent.
Tableau provenant de la vente après décès de Corot.

DAUMIER (H.)

24. — *Sortie du bateau à lessive*.

Une femme sortant du lavoir et tenant son enfant par la main, vient de monter l'escalier donnant accès sur le quai et gagne la chaussée. Au fond du tableau, les maisons qui bordent le quai opposé.

Bois. Signé à gauche et daté 1863.
Haut., 48 cent. ; larg., 38 cent.

DAUMIER (H.)

25. — *Le boucher (marché Montmartre)*.

Votre bourgeois est-il pour la liberté de la boucherie ?
Bois. Haut., 21 cent. ; larg., 25 cent.
Signé à gauche en toutes lettres.
Lithographié par Daumier.

DAUMIER (H.)

26. — *Portrait d'un peintre*.

Bois. Haut., 28 cent. ; larg., 19 cent.

DAUMIER (H.)

27. — *Le coup de vent.*

Bois. Haut., 20 cent. ; larg., 14 cent.

DELACROIX (E.)

28. — *Étude de nu.*

Toile. Haut., 83 cent. ; larg., 38 cent.

Vente E. Delacroix.

DECAISNE

29. — *Portrait de femme de la famille Boonen.*

Copie d'après le Rubens du Musée du Louvre.

DECAISNE

30. — *Portrait d'homme vêtu de noir avec fraise.*

Copie d'après Van Dyck.

DUPRÉ (Jules)

31. — *Falaises du Crotoy.*

Toile. Haut., 26 cent. ; larg., 45 cent.
Signé à gauche en toutes lettres.

ELMERICH

32. — *La vallée du Doubs.*

Bois. Haut., 17 cent. ; larg., 27 cent.

ELMERICH

33. — *La provende des poules.*

Bois. Haut., 36 cent. ; larg., 27 cent.

FRANÇAIS

34 — *L'île de Billancourt, effet de matin.*

Bois. Haut., 29 cent. ; larg., 45 cent.
Signé à gauche.

KARL DAUBIGNY

35. — *Les moulières à Villerville.*

Bois. Signé à gauche et daté 1883.
Haut., 30 cent. ; larg., 54 cent.

KARL DAUBIGNY

36. — *Plage de Villerville à marée basse.*

Bois. Haut., 33 cent.; larg., 56 cent.
Signé à gauche et daté 1885.

KARL DAUBIGNY

37. — *Retour de pêche au Tréport.*

Bois. Haut., 21 cent.; larg. 58 cent.
Signé à gauche.

KARL DAUBIGNY

38. — *Pêcheries à Étaples.*

Bois. Signé à gauche.
Haut., 26 cent.; larg. 62 cent.

KARL DAUBIGNY

39. — *Pêcheries à marée basse à Villerville.*

Toile. Haut., 42 cent. ; larg. 80 cent.

KARL DAUBIGNY

40. — *Intérieur de cour à Honfleur.*

Bois. Haut., 42 cent., 54 cent. ; larg., 40 cent.
Signé à gauche et daté 1876.

LAFON (Alexandre)

41. — *Les blanchisseries de Limoges.*

> Toile. Haut., 73 cent.; larg., 1 m. 15 cent.

LAVIEILLE (E.)

42. — *Le moulin à vent de la Ferté-Milon.*

> Bois. Haut., 10 cent. ; larg , 23 cent.

LAVIEILLE (E.)

43. - *Pommiers en fleurs.*

> Bois. Haut., 15 cent. ; larg., 25 cent.

LAVIEILLE (E.)

44. — *Paysage, effet de neige.*

> Bois. Haut., 18 cent. ; larg , 26 cent.

MEISSONIER (E.)

45. — *Le joueur de cornemuse.*

> Derrière le panneau se trouve l'inscription suivante écrite de la main du maitre :
>
> Bartolomeo Buttali, pittura da me.
>
> E. Meissonier.
>
> Étude peinte sur bois.
> Haut., 34 cent. ; larg., 26 cent.
> Exposition Meissonier 1893. N° 947.

PATEL

46. — *Paysage, soleil couchant.*

> Peinture sur bois.
> Haut., 37 cent. ; larg., 45 cent.

RIBOT (Th.)

47. — *Intérieur de cuisine.*

> Toile. Signé à gauche.
> Haut., 39 cent.; larg., 31 cent.

AQUARELLES & DESSINS

DAUBIGNY (Charles)

48. — *Une vue d'Amiens.*

Aquarelle.

DAUBIGNY (Charles)

49. — *Paysage, effet de lune.*

Aquarelle. Signé à gauche en toutes lettres.

DAUBIGNY (Charles)

50. — *Escalier de la tour de l'église St-Gervais.*

Dessin au crayon noir.

Haut., 26 cent. ; larg., 20 cent.

DAUBIGNY (Charles)

51. — *Intérieur de la Chambre des députés.*

Dessin au crayon noir.

Haut., 18 cent. ; larg., 30 cent.

DAUBIGNY (Charles)

52. — *Vue de Notre-Dame, prise de l'île Louviers.*

Dessin.

DAUBIGNY (CHARLES)

53. — *Paysage*.

Dessin à la mine de plomb rehaussé de noir

DAUBIGNY (CHARLES)

54. — *Plantes d'eau*.

Dessin à la mine de plomb.

Haut., 24 cent. ; larg., 34 cent..

DAUMIER (H.)

55. *Avocats se rencontrant sur les marches du palais*.

Aquarelle. Haut., 25 cent. ; larg., 19 cent.
Signé en toutes lettres à gauche.

DAUMIER (H.)

56. *Avocats causant*.

Aquarelle. Haut., 24 cent. ; larg., 18 cent.
Signé en toutes lettres à gauche.

DAUMIER (H.)

57. *Le forgeron*.

Dessin à double face lavé à l'encre de Chine.

Signé en toutes lettres à gauche.
Haut., 34 cent. ; larg., 24 cent.

DAUMIER (H.)

58. — *Les saltimbanques*.

Dessin sur papier calque.

Haut., 33 cent. ; larg., 39 cent.

DAUMIER (H.)

59. — *La partie de dominos.*

Dessin à la plume et au lavis.

Haut., 16 cent. ; larg., 24 cent.
Signé H. D.

L. DAVID

60. — *Arrestation de Louis XVI à Varennes.*

Dessin lavé à l'encre de Chine.

La marge renferme des annotations de la main de l'artiste.
Haut., 24 cent. ; larg., 33 cent.

DECAMPS

61. *Femme portant un fardeau.*

Fusain. Haut., 25 cent. ; larg., 17 cent.
Signé à droite D. C.

DELACROIX (Eugène)

62. — *St-Sébastien.*

Dessin à la plume.

Vente E. Delacroix.

DELACROIX (Eugène)

63 — *St-Étienne.*

Pastel portant le cachet de la vente.

LAGNEAU

64. — *Portrait d'homme.*

Sanguine et crayon noir.

Haut., 42 cent. ; larg., 28.

MEISSONIER (Ernest)

65. — *Portrait de Madame Augustine Brohan.*

(Rôle de Marinette, du *Dépit amoureux*.)

Dessin à la mine de plomb.

Signé à droite du monogramme.

Exposition Meissonier 1893. N° 954.

MEISSONIER (Ernest)

66. — *La lecture chez Diderot.*

Calque sur papier glacé frotté à la sanguine.

Haut., 20 cent. ; larg., 24 cent.

Exposition Meissonier 1893. N° 953.

MEISSONIER (Ernest)

67. — *Le cavalier.*

Dessin à la plume et au crayon.

Signé du monogramme à gauche au crayon.

Exposition Meissonier 1893. N° 950.

MEISSONIER (Ernest)

68. — *Jeune homme assis*.

Dessin à la mine de plomb.

Signé du monogramme à droite.

Exposition Meissonier 1893. N° 955.

MEISSONIER (Ernest)

69 — *Le savetier.*

Dessin à la mine de plomb.

Haut., 18 cent. ; larg., 26 cent.

Exposition Meissonier 1893. N° 948.

MEISSONIER (Ernest)

70. — L'ange déchu.

Dessin sur bois à la mine de plomb et à la gouache.

Haut., 12 cent. ; larg., 15 cent.
Signé en toutes lettres à droite, signature à l'envers.

Exposition **Meissonier** 1893. N° 951.

MEISSONIER (Ernest)

71. — Le maréchal ferrant.

Dessin sur bois à la mine de plomb rehaussé de gouache.

Haut., 6 cent. 1 2 ; larg., 9 cent. 1/2.
Variante du bois exécuté pour les contes Rémois.

Exposition Meissonier 1893. N° 956.

PATOU

72. — La Joconde, d'après Léonard de Vinci.

Fusain et crayon noir.
Haut., 74 cent. ; larg. 50 cent.

PILS

73. — Campement de Gardes mobiles sous le viaduc d'Auteuil.

Aquarelle Haut., 27 cent. ; larg., 37 cent.
Signé à gauche.

BRONZES DE BARYE

EPREUVES ANCIENNES D'UNE TRÈS BELLE PATINE

74. — *Ours assis.*

Haut., 14 cent. ; larg., 21.

75. — *Cerf aux écoutes.*

Haut., 20 cent. ; larg., 16.

76. — *Cheval demi-sang.*

Haut., 14 cent ; larg., 17.

77. — *Cerf du Gange.*

Haut., 17 cent. ; larg., 17.

GRAVURES & LITHOGRAPHIES

78. — L'ARTISTE (*Journal*)

(Lithographies et gravures extraites de). 23 pièces.

BELLANGÉ (H.)

Costumes militaires coloriés, 9 pièces ; lithographies diverses, 3 pièces : ensemble 12 pièces.

79. — BÉRANGER (P.-J. de)

3 portraits différents par VALLOT d'après Charlet, PANIER d'après Sandoz ; et GUSTAVE LÉVY, grand in-folio et in-4°.

BOILLY (d'après)

Études d'expression, grande planche in-folio contenant 29 figures, gravée par A. CLÉMENT. Épreuve avant la lettre.

80. — CARICATURES

Album in-folio oblong, contenant environ 200 caricatures lithographiées de BENJAMIN ROUBAUD, DAUMIER, GAVARNI, etc.
Caricatures diverses, portraits-charges par BENJAMIN ROUBAUD, etc. environ 48 pièces, quelques unes coloriées.

CHAM

Un fort paquet de caricatures extraites du *Charivari*, plus 2 pièces tirées à part.

81. — CHARLET

Son portrait, lithographié par VALÉRIO ; lithographies diverses originales, etc., ensemble 56 pièces, belles épreuves dont 6 sur chine.

82. — COSTUMES

Costumes civils et militaires, 34 pièces coloriées, 1 noire et un dessin original : habit impérial à la plume, colorié.
Costumes hollandais coloriés, 6 pièces : ensemble 40 pièces.

DAUBIGNY (Ch.)

83. — Cinq dessins originaux au crayon dont une petite vignette rehaussée
de sépia et de gouache.
Calque d'un dessin pour un bois (?); il représente deux hommes sur
un cheval ; in-8° en largeur, sur les marges deux croquis. Signé.

84. — Pension de Mme Dautel, 33, Bourg-la-Reine ; lithographie originale
in-4° en hauteur. Signée à gauche. (Imp. Lemercier.)
Curieuse pièce non décrite.

84 bis. — La même pièce, très belle épreuve sur chine.

85. — La Tonnelle, dessin original de l'eau-forte décrite sous le n° 2 du Catalogue Henriet ; au crayon et à la plume. Signé des initiales. Encadré.

86. — Voyage en bateau. Croquis à l'eau-forte par Daubigny, 1862, titre et
quinze pièces sous couverture illustrée ; exemplaire en papier de Hollande avec la notice (H. 90 à 105).

87. — La Tonnelle (Henriet 2). Superbe et très rare épreuve du 1er état avant
le ton d'aquatinte. Les figures ont été dessinées par Meissonier.

88. — Vue prise aux environs de Subiaco (H. 5). Superbe épreuve, sur chine,
du 1er état, avant la signature à la pointe et avec des travaux dans le ciel
qui ont disparu en partie plus tard.

88 bis. — La même pièce, état intermédiaire non décrit. Notre épreuve porte
bien la signature à la pointe, mais les travaux dans le ciel n'ont pas été
encore brunis.

88 ter. — La même pièce, superbe épreuve du 2e état, sur chine.

89. — Cérémonie de l'inauguration de la colonne de Juillet et de la transla-
tion des restes des victimes des Journées de Juillet 1830 sur la place de
la Bastille (H. 7). Très belle épreuve toutes marges.
Exécutée en collaboration avec Trimolet.

89 bis. — La même pièce, belle épreuve sur chine, sans marges.

90. — La Carte de Malzieux (H. 8). Superbe épreuve d'artiste, avec l'adresse
du quai de la Tournelle et sans la date.

91. — Saint-Jérôme (H. 10). Magnifique épreuve sur chine du 1er état, signée
à la pointe, avant toutes lettres et avec des essais de pointe dans la marge
inférieure.

92. — Le Verger de Valmondois (H. 11). Superbe épreuve du 2e état.

93. — Vue du chevet de la cathédrale de Paris et de la Cité, prise de la pointe
de l'île Louviers (H. n° 4). Superbe épreuve sur chine collé. Très rare.
Notre épreuve est signalée par M. Henriet dans son Catalogue de
Daubigny.

93 bis. — La même pièce, très belle épreuve (encadrée dans un joli cadre en
bois sculpté).

94. — *La Noce de Village* (H. 12). Superbe épreuve du 1er état avec le *Cheval blanc*.

94 *bis*. — La même pièce, superbe épreuve du 2e état ; encadrée dans un joli cadre en bois sculpté.

95. — *La Rivière dans le Parc* (H. 14). Superbe épreuve sur chine, toutes marges, en collaboration avec Trimolet.

96. — *La Côte des Deux Amants ;* environs de Rouen (H. 15). Superbe épreuve avant le titre, tirée sur chine. Très rare.

96 *bis*. — La même pièce, même état, épreuve sur blanc.

97. — *Le Cèdre du Liban* (H. 16). Magnifique épreuve d'artiste, sur chine avec la remarque représentant deux chats qui se battent dans un grenier en présence d'un rat.

98. — *Intérieur de la Grande Serre* (H. 18). Très belle épreuve du 2e état tirée sur chine avant le cuivre coupé, mais avec le titre gravé.

98 *bis*. — La même pièce, très belle épreuve du 3e état, sur blanc.

99. — *La pie* (H. 20). Superbe épreuve avant toutes lettres et avant le cuivre coupé.
Épreuve très rare signalée par M. HENRIET dans son catalogue.

100. — *Environs de Choisy-le-Roi* (H. 22). Superbe épreuve du 2e état, tirée sur chine.!

101. — *O ma tendre Musette* (A. 26). — *Les hirondelles* (H. 29). Superbes épreuves avant les couplets, tirées sur une même feuille.

102. — *Dans les bois* (H. 34). Superbe épreuve d'artiste.

103. — *La Tour du Maure* (H. 85). Superbe épreuve d'artiste avant les couplets.

104. — *Le marché du Temple* (H. 40). Très belle épreuve du 2e état.

105. — *Le bal dans le jardin d'hiver de l'Hôtel de l'Ambassade* (H. 41). Rare et brillante épreuve d'artiste, sur chine, avant le titre gravé.

106. — *Les petits Cavaliers* (H. 42). Superbe épreuve, très rare.

107. — *Le nid de l'aigle dans la forêt de Fontainebleau* (H. 43). Superbe épreuve d'essai. Signée à la pointe, à gauche.

108. — *L'approche de l'orage* (H. 44). Très belle épreuve d'artiste sur chine.

109. — *La mare aux Cerfs* (H. 45). Superbe épreuve du 1er état sur chine.

109 *bis*. — La même pièce, deux épreuves avec différentes retouches par Daubigny.

110. — *L'orage* (H. 46). Superbe épreuve du 1er état avec la *tête de lévrier*.
Épreuve très rare signalée par M. Henriet.

110 *bis*. — La même pièce, état non décrit, *avec les travaux de la rivière, mais avant les petites branches qui se détachent des arbres* (retouché à la sépia par Daubigny).

A été pliée ; déchirure dans la marge inférieure.

110 *ter*. — La même pièce, superbe épreuve du 3ᵉ état.

111. — *Lever de lune dans la vallée d'Andilly* (H. 47). Superbe épreuve du 1ᵉʳ état.

112. — *Le petit Parc à moutons* (H. 48). Superbe épreuve d'artiste, sur chine.

112 *bis*. — La même pièce, très belle épreuve sur blanc.

113. — *Les Baigneuses*. Souvenir du ru de Valmondois (H. 49). Superbe épreuve.

Très rare, la planche a été planée après le tirage d'un très petit nombre d'épreuves.

113 *bis*. — La même pièce, *état d'eau-forte pure* avant la reprise des travaux de pointe sèche et la seconde morsure.

114. — *L'hôtel de M. Thiers* (H. 50). Superbe épreuve d'artiste du 2ᵉ état sur chine collé.

115. — *L'incendie de la Ferme*. Souvenir du Morvan (H. 53). Superbe et très rare épreuve.

Un des trois exemplaires connus de cette pièce.

116. — *L'enfant et les fleurs* (H. 57). — *L'abreuvoir*, d'après Claude Lorrain (H. 56), sur hollande ; ensemble 2 pièces, belles épreuves.

117. — *Les deux rivages* (H. 58). Superbe et rare épreuve d'artiste avant la lettre et avant le cuivre coupé.

118. — *Le Bas-Meudon* (H. 59). Superbe épreuve d'un état non décrit intermédiaire entre le 1ᵉʳ et le 2ᵉ, avec à gauche : Daubigny, sculp. et avant le nom de l'imprimeur.

119. — *Couronne de fleurs des champs* (H. 60). Très belle épreuve du 4ᵉ tirage. *Les chevaux de halage* (H. 62). Très belle épreuve du 2ᵉ état sur chine. *Les bords du Cousin* (H. 63). Très belle épreuve du 4ᵉ état sur chine.

120. — *Les petits oiseaux* (H. 65). Superbe épreuve du 2ᵉ état sur chine, avec dédicace autographe. Signée et datée : *Daubigny à son ami Chenillon,* 30 mai 1854.

121. — *L'Automne* (H. 66). Très belle épreuve du 3ᵉ état, sur chine, avec le nom de Beillet. Signée au crayon : *Daubigny*, 30 mai 1854.

122. — *Le Satyre* (H. 67). Très belle épreuve du 4ᵉ tirage, sur chine. — *Les ruines du château de Crémieux* (H. 71). Très belle épreuve du 4ᵉ tirage, sur chine.

123. — *Le Buisson*, d'après Ruysdael (H. 73). Très belle épreuve du 1ᵉʳ état, sur hollande.

123 *bis.* — La même pièce, très belle épreuve du 2º état.

124. — *Le Bac de Bezons* (H. 74). Superbe épreuve du 2ᵉ état, sur chine.

125. — *Les Cerfs sous bois* (H. 75). Très belle épreuve du premier tirage, sur chine.

126. — *Les Vaches aux marais* (H. 76). Superbe épreuve du premier tirage, sur chine.

126 *bis.* — *Les Vaches aux marais* (H. 76). Très belle épreuve, sur chine.

127. — *Le Marais aux Cigognes* (H. 77). Superbe épreuve du premier tirage, sur chine.

128. — *L'Ondée* (H. 78). Superbe épreuve d'essai du 1ᵉʳ état, sur chine.

128 *bis.* — La même pièce, superbe épreuve du 2ᵉ état, avant toutes lettres ; le nom de DAUBIGNY, à la pointe, à gauche.

129. — *Le coup de soleil*, d'après RUYSDAEL (H. 79). Superbe épreuve du 2ᵉ état, sur chine.

130. — *La plage de Villerville* (H. 80). Superbe épreuve d'artiste, sur chine. Signée à la pointe, à gauche

130 *bis.* — La même pièce, belle épreuve.

131. — *Le Printemps* (H. 81). Superbe épreuve du 2ᵉ état, sur blanc, toutes marges.

132. — *Le guet du Chien* (H. 82). *Le chant du coq* (H. 83). Superbe et très rare épreuve du 1ᵉʳ état, avant la coupure du cuivre, sur blanc.

132 *bis.* — La même pièce, même état, superbe épreuve, sur chine.

132 *ter.* — *Le guet du Chien* (H. 82). Superbe épreuve du 1ᵉʳ état avec la signature à la pointe, à gauche, *après la coupure du cuivre.*

133. — *Le chant du coq* (H. 83). Superbe épreuve du 2ᵉ état, sur chine.

134. — *Le grand parc à moutons* (H. 86). Belle épreuve sur chine.

135. — *Cochon dans un verger* (H. 87). Superbe épreuve du 1ᵉʳ état, sur chine, avec la légende.

136. — *La poule et ses poussins* (H. 88). Très belle épreuve, sur chine.

137. — *Lever de lune* (H. 89). Superbe épreuve du 1ᵉʳ état, sur chine, avant le cuivre coupé.

138. — *Le Déjeuné* (sic) *du départ, à Asnières* (H. 91). — *La Moisson*, eau forte de DAUBIGNY fils, d'après Daubigny 1862, très belle épreuve avec le titre à la pointe.

139. — *La Vendange* (H. 107). Très belle épreuve du 1ᵉʳ état, sur hollande.

140. — *Le Paysagiste en bateau* (H. 109). Très belle épreuve d'artiste sur blanc tirée nature. *Le gué* (H. 108). Belle épreuve sur chine du 3ᵉ tirage ; ensemble 2 pièces.

141. — *L'arbre aux corbeaux* (H. 110). Très belle épreuve avant la lettre sur hollande, signée à la pointe à gauche : Daubigny, 1867.

142. — *Effet de lune sur les bords de l'Oise* (H. 113). Très belle épreuve *d'état* sur hollande.

142 *bis*. — La même pièce, superbe épreuve d'artiste, sur chine, avec dédicace de M. Henriet à M. Geoffroy-Dechaume.

143. — *Clair de lune à Valmondois* (B. 117). Très belle épreuve d'artiste sur chine.

144. — Clichés glaces : *Le Marais aux canards* (H. 114). *Les Cerfs* (H. 115). *Le Ruisseau dans la clairière* (H. 118). *Le gué* (H. 120). *La rentrée du troupeau* (H. 121). *L'âne au pré* (H. 124), 2 épreuves en sens différent. *Le bouquet d'aunes* (H. 126). *Vaches à l'abreuvoir* (H. 127). *Vaches sous bois* (H. 130).

DAUMIER (H.)

145. — *Étude de nu*, dessin au crayon ; au verso : croquis de plusieurs personnages.

146. — *Les Saltimbanques*. Calque d'un dessin.

147. — *Apollon et Minerve*, photographies d'aquarelles d'après Daumier ; 6 pièces, une coloriée, trois doubles.

L'œuvre lithographié de H. Daumier formé par M. Geoffroy-Dechaume se compose de plus de 3.500 pièces en tirage à part ou avant toutes lettres (épreuves d'essai ou tirées avec cache-lettre).

Il ne sera vendu séparément qu'autant que la mise à prix de l'ensemble ne sera pas couverte.

Un certain nombre de pièces ont des mouillures d'ailleurs faciles à enlever.

148. — *Actualités* (1840-1871). 762 pièces en épreuves tirées à part sans texte au verso, très belles épreuves.

149. — Doubles de la série précédente en condition semblable ; 54 pièces, très belles épreuves.

150. — *Agréments des chemins de fer*, 2 p. *Physionomies prises en chemin de fer*, 1 p. *En chemin de fer*, 6 p. ; 3 séries complètes, ensemble 9 pièces. *Alarmistes et alarmés*, 1 à 7 (manque le n° 7). *Les Amis*, 1 à 9 (manquent 7 et 9) ; en tout 22 pièces.

151. — *Album des Charges du jour*, 30 lithographies par Daumier, avec couverture.

152. — M. d'Argo. *La Caricature* (Journal), n° 140. L. de Becquet. Très belle épreuve sur blanc. M. Barthe. *La Caricature* (Journal), n° 141. Très belle épreuve sur blanc. *Les Artistes contemporains* (portrait d'Henry Monnier) (B. 85). Très belle épreuve ; ensemble 3 pièces.

153. — *Les Artistes* (B. 125). Suite complète de 5 pièces numérotées 1 à 4 et n° 1. *Les Artistes à la campagne*, n° 1 (seul publié). *Les Artistes*, croquis par Daumier, 1 p. ; *Les Paysagistes en hiver ; Aux bains de mer*, 6 feuilles. *Croquis d'automne*, 1856, 3 p. *Les Provinciaux à Paris*, 1 pièce portant le n° 1 (plus 4 pièces non numérotées à 2 sujets à la feuille qui paraissent faire suite). *Ces bons bourgeois*, 1 p. ; *Au Camp de Saint-Maur*, 5 p. *En Italie. Pendant l'armistice. Nos troupiers*, 4 pièces ; ens. 31 p. Séries complètes.

154. — *Les Avocats et les Plaideurs* (B. 83). Suite complète de 4 pièces. *Les Baigneurs*, série de 1842. 16 pièces (sur 30). *Les Baigneuses* (1 à 17), manque le n° 10 ; ensemble 36 pièces.

155. — *Les Baigneuses*, suite complète de 17 pièces, superbes épreuves *avant toute lettre*.

156. — *Les Banqueteurs*. Série complète de 10 pièces numérotées 1 à 10 ; très belles épreuves sans texte au verso. *Les Bas-Bleus*, 11 pièces (sur 40) ; ensemble 21 pièces.

157. — *Les beaux jours de la vie*, 88 pièces (sur 100), manquent 5, 6, 8, 24, 32, 44, 64, 66, 68, 83, 85, 88.

158. — *Les Bohémiens de Paris*, 19 pièces (sur 28).

159. — *Les bons bourgeois*, 75 pièces (sur 82) et 3 pièces d'autres séries. Manquent 3, 7, 8, 11, 12, 38, 40.

160. — *Ces bons bourgeois*, 1 p. (sur 5). *Les bons Parisiens*, 2 p. (sur 8). *A la brasserie*, 3 p. (sur 4). *Les Canotiers parisiens*, 12 p. (sur 20). *Ces bons Parisiens*. Suite complète (?) de 10 pièces numérotées 2 à 4, 8 à 14 ; ensemble 28 pièces.

161. — *Caricatures* extraites du Journal la *Caricature*, 38 pièces dont 6 coloriées.

162. — *Les Carottes*, 4 p. (sur 6). *Le chapitre des interprétations*, 5 pièces (sur 10). *Chargeons les Russes*, 6 pièces. *La Chasse*, 4 p. (sur 12) ; *Les chemins de fer*, 8 pièces dépareillées de 3 séries. *Les cinq sens*, 3 pièces. (sur 5). *Coquetterie*, 2 p. (sur 10), ens. 23 pièces.

163. — *Comédie humaine*, 2 p. *Les portiers de Paris*, 5 p. *Les Chinois de Paris*, 2 p. *Croquades*, 2 p. *Supplices de la civilisation*, 3 p. *Croquis dramatiques*, 4 p. *Scènes familières*, 2 p. *Types et physionomies*, 3 p. *Les Provinciaux à Paris*, 1 p. Ensemble 24 pièces, séries complètes.

164. — *Les Comédiens de société*, suite complète de 16 pièces.

165. — *La Comète de 1857*, série complète de 10 pièces. *Cortège du commandant général des apothicaires*, etc. *La Caricature* (Journal), n° 143. Très belle épreuve coloriée, a été pliée : ensemble 11 pièces.

166. — *Croquis de chasse*, par Daumier, 43 pièces (Champfleury n'en indique que 41).

167. — *Croquis d'été*, 55 pièces (sur 59).

168. — *Croquis d'expression*, 8 pièces (sur 53). *Croquis d'hiver et autres*, 8 p. *Les Cosaques pour rire*. 2 p. *Croquis dramatiques*, 15 p., manque le n° 7 ; ensemble 33 pièces.

169. — *Croquis du jour* (1849), 3 pièces. *Croquis musicaux*, 17 pièces (sur 19), manquent 6 et 15 ; ensemble 20 pièces.

170. — *Croquis parisiens*, 79 pièces. (Champfleury n'indique que 71 pièces.)

171. — *Croquis parisiens*, par Daumier, 7 pièces numérotées 4, 10, 11, 12, 16, 17 et 18. (*Série non cataloguée par Champfleury.*) *Croquis pris au théâtre*, par Daumier, 6 pièces (sur 9). *Croquis pris au Salon.* Série complète de 10 pièces chiffrées irrégulièrement ; ensemble 23 pièces.

172. — *Croquis aquatiques*, suite complète de 20 pièces. *Croquis de bourse*, suite complète de 6 pièces. *Parisienneries*, suite complète de 3 pièces, ensemble, 9 p., belles épreuves.

173. — *Croquis pris à l'Exposition*, 5 p. *Scènes d'ateliers*, 4 p. *Au Salon*, 1 p. ; 3 séries complètes. ens. 10 p. *Croquis variés*, 2 p. portant le n° 1 dont une en largeur non cataloguée. *Messieurs les bouchers*. 3 pièces ; pièces isolées, 8 feuilles ; *Les Divorceuses*, suite complète, 6 pièces ; ensemble 29 p., belles épreuves.

174. — *Émotions de chasse*, 2 séries, 34 pièces, belles épreuves de tirage à part. 1re série complète en 22 pièces. 2e série (manquent 4, 5, 10).

175. — *Émotions parisiennes*, 17 pièces (sur 51). *Enfantillages*, 6 pièces (manque le n° 2), ensemble 22 p.

176. — *En Chine*, 24 p. (sur 27).

177. — *Enfoncé Lafayette !... Attrape, mon vieux !* 21e dessin de la lithographie mensuelle (mois de mai). *Litho de Delaunois.* Très belle épreuve sur blanc (a été pliée), encadrée.

178. — *Les étrangers à Paris*, 16 pièces (sur 20), manquent 8, 10, 16, 18.

179. — *L'Exposition universelle*, 36 pièces (sur 41). *Exposition de 1859*, série complète de 9 pièces numérotées 1 à 5, 7, 8, 10 et 11 (les nos 6 et 9 ne sont pas de Daumier).

180. — *Le Fantôme ;* il écrit sur la porte du Palais des Pairs : Palais des Ass... Superbe épreuve.

181. — *Les Faiseurs d'affaires*, 3 p. *Les Boursicotières*, 3 p. *Les Parisiens en 1848*, 3 p., feuilles isolées 7 p. ; ensemble 16 pièces, séries complètes. *Les Femmes socialistes*, suite complète de 10 pièces. *La Fluidomanie*, suite complète de 12 p. ; en tout 38 pièces.

182. — *Grand défilé de l'armée qui vient d'être levée pour entreprendre la fameuse expédition de Rome à l'intérieur ;* superbe épreuve non pliée.
   Cette belle pièce porte le n° 158 de la série des *Actualités*.
   — *Grande et terrible croisade entreprise par les burgraves contre les journalistes ;* superbe épreuve in-folio en largeur, non pliée.
   Cette pièce qui ne porte pas de n° d'ordre ni de titre de série a dû paraître dans les *Actualités* quelque temps après la pièce précédente.

183. — *Les Gens de justice*, 31 pièces (sur 39).

184. — *Les Hippophages*, 10 p. (sur 14). *L'Imagination*, 2 p. (sur 18). *La journée du célibataire*, 4 p. (sur 12). *Histoire ancienne*, 21 pièces (sur 50), ensemble 37 pièces.

185. — *Idylles parlementaires*, 11 p. (sur 16), manquent 11, 12, 14, 15.

186. — *Idylles parlementaires*, 24 pièces en épreuves superbes tirées avant la légende ou sans la légende.
   M. Champfleury n'indique que 16 pièces pour cette série : il est probable que nous possédons huit lithographies qui n'ont pas été publiées.

187. — *Juges des accusés d'avril*, 2 pièces, très belles épreuves. Lascours. M. Barbé-Marbois.

188. — Lithographies diverses : *Hugo lorgnant les voûtes bleues*..... *Les Saltimbanques : Vous voyez ici les grandes célébrités de la France littéraire, musicale et artistique....* (2 épreuves). *Vulgarité. Revue caricaturale. Galerie physionomique*, 2 pièces. *Caricature* (sans titre). Pièce relative au procès Bazaine, épreuve d'essai : ensemble 8 pièces, très belles épreuves dont 2 avant toute lettre.

189. — *Lithographies* extraites de diverses séries non politiques : *Histoire ancienne. Physionomies tragiques*, etc., etc., en épreuves tirées *avant la légende ou sans légende*, 395 pièces, superbes épreuves.
   Seront vendues séparément par lots.

190. — *Lithographies* extraites de diverses séries politiques, sur le *Prince-président*, sur le *Congrès de la Paix*, etc., en épreuves tirées *avant la légende ou sans légende* ; 173 pièces, superbes épreuves.
   Seront vendues séparément par lots.

191. — Lithographies extraites du journal *La Caricature*, 19 pièces, très belles épreuves.

192. — Lithographies extraites de la *Caricature*, 4 pièces, très belles épreuves. *Philippe, mon père....* : *Mlle Etienne Joconde de Constitutionnel : Voyage à travers les populations empressées : Marie-Louise-Charlotte-Philippine Pairie.*

193. — Lithographies extraites de la *Caricature*, 4 pièces, très belles épreuves. *Sire, Lisbonne est prise....* ; *Yeux noirs, front haut......* ; *Baissez le rideau, la farce est jouée...* : *Celui-là, on peut le mettre en liberté !*

194. — Lithographies extraites de la *Caricature*, 5 pièces, très belles épreuves. *Athéniens, prenez garde à Philippe ! L'apoplexie allant remplacer à Londres la paralysie. Voilà la guerre ! Sauve qui peut ! Marlbrough s'en va-t-en guerre. Le maréchal Mortier la veille de la bataille de Waterloo.*

195. — Lithographies extraites de la *Caricature*, 14 pièces, très belles épreuves. *Caricatures de mœurs : Souvenirs, Regrets* (2 épreuves). *Une mission délicate*, etc., 2 pièces sont coloriées.

196. — Lithographies extraites de diverses publications ou publiées isolément ; 17 pièces, très belles épreuves (1 coloriée).

197. — Lithographies publiées dans la *Caricature provisoire*, 4 pièces en tirage à part, superbes épreuves.

198. — Lithographies publiées dans le *Journal amusant, le Boulevard*, 22 pièces, la plupart sur chine, dont 4 pièces avant toutes lettres ; quelques doubles.

199. — Lithographies en double tirées hors texte, de diverses séries ; quelques pièces sont coloriées ; ens. 230 pièces.

200. — *Locataires et propriétaires*, 43 pièces, série complète.

201. — *Mœurs conjugales*, 26 p. (sur 59). Une coloriée.

202. — *Les moments difficiles de la vie*, suite complète de 7 pièces (2 n⁰ˢ 6). *Les Monomanes*, 3 p. (sur 8). *Les Musiciens de Paris*, n° 3 seul. *Naïvetés*, 3 p. (sur 4). *Les Paysagistes*, 2 p. *La pêche*, 3 p. (sur 7). *Profils contemporains*, 3 p. (sur 4). *Raisins malades*, 5 p. (sur 7) ; ensemble 27 p.

203. — *Ne vous y frottez pas !*... 20ᵉ dessin de la Lithographie mensuelle (mois de mars). *Litho de* DELAUNOIS. Très belle épreuve sur blanc. Encadrée.

204. — *Lés Papas*, 22 pièces (sur 23), manque le n° 13.

205. — *Paris l'hiver*, 6 p. (sur 7). *Paris l'été*, 4 p. (sur 7). *Les Parisiens*, 5 p. (sur 6). *Les Parisiens en* 1852, 9 pièces (sur 11) ; *Paris qui boit*, suite complète de 6 pièces numérotées, 1 à 3 et 5 à 7. *Paris qui mange*, 1 p. ; ensemble 24 p.

206. — *Pastorales*, 34 p. (sur 50).

207. — *Les Philanthropes du jour*, 33 p. (sur 34), manque le n° 21.

208. — *Photographies* (6) des bustes en terre crue et peinte qui servaient à DAUMIER pour l'exécution de ses lithographies.

209. — *Physionomies des chemins de fer*, suite complète de 10 pièces. *Physionomies tragiques*, suite complète de 11 pièces. *Croquis dramatiques*, par DAUMIER, 3 p. *La Tragédie*, 3 p. ; en tout 28 pièces.

210. — *Physionomies de l'Assemblée*, suite complète de 31 pièces à 2 sujets par feuille (B. 81). Très belles épreuves tirées sans texte au verso.

211. — *Pièces des Actualités relatives à Mimi Véron ;* ensemble 38 pièces (quelques doubles) ; très belles épreuves de tirage à part sans texte au verso.

212. — *La Pisciculture*, série complète de 6 pièces. *Les plaisirs de la villégiature*, suite complète de 8 p. *La Potichomanie*, suite complète de 8 p. ; ensemble 22 pièces.

213. — *Portraits des Pairs de France*, 8 pièces extraites de la *Caricature*, superbes épreuves. Garan ; M. Baill... (2 épreuves) : M. Kératr. (2 épreuves) ; Mathieu-Dumas ; M. Arlépaire ; M. Etien...

214. — *Primo saignare, deinde purgare, postea clysterium donare. La Caricature* (Journal), n° 161, pl. 337 et 338 ; L. DE BECQUET. Très belle épreuve sur blanc, coloriée. Encadrée.

215. — *Professeurs et moutards*, 26 p. (sur 32). manquent 1, 2, 4, 6, 14.

216. — *Proverbes et maximes*, 10 p. (sur 12), manquent 10 et 12. *Le public au Salon*, 11 p. (sur 13), manquent 7 et 11. *Quand on a du guignon*, suite complète de 11 pièces ; ensemble 33 pièces.

217. — *Les représentants représentés. Assemblée législative*, 31 pièces (sur 37), belles épreuves de tirage à part ; manquent les n⁰ˢ 2, 11, 19, 21, 36, 37.

218. — *Les représentants représentés*, 27 pièces (sur 52) ; belles épreuves de tirage à part.

Le n⁰ 2 (*Le sauvage Bineau)* porte au dos six croquis originaux de Daumier.

219. — *Les représentants représentés. Assemblée législative*. Très belles épreuves tirées avant la légende ou sans légende, 91 pièces.

La série que nous offrons ne comprend aucun double et cependant nous avons 2 pièces de plus que ne l'indique M. Champfleury qui mentionne 52 pièces pour la 1ʳᵉ série et 37 pour la seconde. Or il manque dans notre réunion plusieurs lithographies ; entre autres celle de M. Thiers ! Vraisemblablement nous possédons un certain nombre de lithographies restées inédites, comme le portrait de M. Pascal Duprat signalé par Champfleury.

220. — *Robert-Macaire*. (*Caricaturana* et 2ᵉ série publiée sous le titre de *Robert-Macaire)*, 32 p. (sur 120) dont 15 de la 2ᵉ série (sur 20).

221. — *Rue Transnonain*, le 15 avril 1834 ; 24ᵉ dessin de la Lithographie mensuelle. Litho de Delaunois. Superbe épreuve sur blanc. Encadrée.

222. — *Scènes de la vie de province*. 3 p. *Les plaisirs de la Chasse*. 2 p. *Les plaisirs de la Campagne. Impressions nautiques*, etc. feuilles isolées. 8 p. *Croquis d'automne*, 6 p. *Croquis champêtres*. 1 p. *L'Exposition des animaux*, 5 p. Ensemble 25 pièces, séries complètes.

223. — *Scènes parisiennes*, 5 p. *La Salle des Ventes*. 1 p. *Dans la Salle des Ventes*, 1 p. *Les Parisiens en voyage*, 1 p. *Les Parisiens à la campagne*, 1 p. *Soirées parisiennes*, 1 p. *Scènes parlementaires*, 2 p. (sur 5). *Sentiments et Passions*, 1 p. (sur 4). *Les Spirites*, 2 p. (sur 3). *Types parisiens*, 11 p. (sur 50). *En Vendanges*, 2 p. (sur 5). *Souvenirs du Congrès de la paix*, série complète de 6 p. : ensemble, 24 pièces.

224. — *Tout ce qu'on voudra*, 85 p. (sur 89).

Nous possédons 18 pièces (sur 20) de la série non numérotée ; de la série numérotée 1 à 71, nous possédons le n⁰ 14, que Champfleury dit devoir manquer ; par contre le 62 n'existe pas, ainsi que l'indique Champfleury, et en outre il nous manque les n⁰ˢ 42, 51 et 63.

225. — *Les Trains de plaisir*, suite complète de 15 pièces. *Le Salon de 1857* ; série complète de 7 pièces (B. 112), épreuves de tirage à part. *La Société d'acclimatation*, suite complète de 10 pièces numérotées 1 à 10 (Champfleury indique 9 pièces par erreur) : ensemble 32 pièces.

226. — *Le Ventre législatif*. Aspect des bancs ministériels de la Chambre improstituée de 1834. 18ᵉ dessin de la Lithographie mensuelle (mois de janvier), L. de Becquet. Superbe épreuve sur blanc. Encadrée.

227. — *Voyage en Chine*, 26 pièces (sur 32); manquent 2 à 6, 19 et 31 ; 2 pièces sous le n° 17.

DAVID D'ANGERS.

228. — *Portraits de Percier et de Renouard*, deux dessins à la plume signés.

DELACROIX (Eug.).

229. — *Dessins au crayon*, quelques-uns rehaussés de sanguine, provenant de la vente dont ils portent le cachet; 31 pièces.
Seront vendus par lots.

230. — *Faust*, tragédie de M. de Gœthe, titre et quinze lithographies du tirage de Vayron (mouillures).

231. — *La lutte de Jacob et de l'Ange*, 3 dessins provenant de la vente Delacroix avec le cachet.

232. — *Rencontre de cavaliers Maures*, in-4° en largeur, eau-forte (M. 15. — R. 562).
État médiocre.

---

233. — *Dessins anciens*, 1 lot de 6 pièces, signées Van Dyck, Dufriche, 1766, etc.

234. — *Dessins originaux* de vignettes et autres dont un signé de Chasselat et daté de 1814 ; 20 pièces.

235. — *Dessins* par Chaudet, Magnier, etc., trois pièces.

FEUCHÈRE (Jean).

236. — *La fontaine Cuvier*, eau-forte originale, signée et datée 1841 ; *Adresse d'un marchand de bronzes*, eau forte signée et datée 1841 ; 2 pièces, très belles épreuves sur chine.

GAVARNI.

237. — *Lithographies*, par et d'après Gavarni, 17 pièces.

GARNIER.

Cheval à l'écurie, lithographie in-f° en largeur, signée et datée de 1875.

GÉRICAULT

238. — *Études de chevaux*, d'après nature. Titre et 11 pièces (C. 47-58), belles épreuves, une sur chine.

239. — *Études de chevaux*, suite de douze grandes lithographies par Léon Cogniet et Volmar (C. 75 à 86) (le titre manque), 18 pièces in-folio, plusieurs doubles.

240. — *Lara blessé* (C. 23). *An arabian Horse* (C. 29), ensemble 2 pièces, belles épreuves.

241. — *Lithographies diverses* (C. 87, 89, 90), 4 pièces signées Géricault et Eug. Lami (C. 92 à 95); lithographies d'après Géricault, 4 pièces; ensemble 11 pièces, belles épreuves.

242. — *Suite de sept pièces* (C. 67 à 73), belles épreuves.

243. — *Suite de huit sujets*, in-8" (C. 59-60), belles épreuves.

GILL (André)

244. — *Charges* publiées dans divers journaux : *La Lune rousse*, *L'Eclipse*, etc.; un paquet d'environ 100 numéros.

GRANDVILLE

245. — *Caricatures, vignettes*, 17 pièces dont deux grandes lithographies.

GRAVURES ANCIENNES

246. — Album factice in-8" oblong. demi-reliure, contenant 53 planches (quelques petites déchirures).
5 pièces gravées par Janinet; culs de lampe gravés par Choffard, Berthault, 17 pièces; 1er cahier de lettres alphabétiques en fleurs dessinées par N. Bruchon et gravées par C. Colinet, 4 pièces; 3 pièces, fleurs gravées en couleurs par Bonnet; paysages, vues, etc., par Houel et autres.

247. — *Marche du Roy sur le Pont Neuf* et *Vue de Courtray*, d'après VAN DER MEULEN, 2 pièces; *La Révolution* de 1789, gravé par BERTHAULT, d'après MONSIAU, 2 épreuves d'états différents dont un avant toutes lettres; *Scènes de chasse* de SER d'après BOONS. 3 p.; 2 pièces pour l'histoire de *Don Quichotte*, par SURUGUE, d'après COYPEL, et 3 p. par H. SYLVESTRE, PIRANESE et LÉPICIÉ; ensemble 12 pièces.

248. — Nouveau recueil de vues des plus beaux restes de Rome ancienne et des plus belles églises. places, palais et fontaines de Rome moderne, dessinées et gravées par d'habiles maîtres. en 50 feuilles; *A Rome*, 1770, grand in-8° oblong. cartonné : 50 planches à l'eau-forte.

249. — LUCAS DE LEYDE, ALBERT DURER, MARC-ANTOINE, etc.: 12 pièces, la plupart en anciennes épreuves.

250. — *Portrait de Sigismondus Feyrabendius*, bibliopola Francofurti ad Mœnum. 1587 : encadré.

251. — *Vases et ornements*, 86 feuilles; gravures de ST. DE LA BELLA, ÉCHOUT, BOUCHARDON, TORO, CHÉREAU, LEPAUTRE, etc.

GRAVURES EN COULEURS

252. — 4 petites pièces rondes de ROGER, d'après SERGENT; 1 pièce de Janinet, d'après DURAND et trois petites vues de Paris coloriées, ensemble 8 pièces.

GRAVURES ET VIGNETTES DU XVIIIᵉ SIÈCLE

253. — *Cahier de petits sujets*, par Cochin, vignettes de Duplessis Bertaux ; *Henri IV et Gabrielle*, d'après Eisen, etc.

JOHANNOT (Tony)

254. — *Jeune Seigneur vénitien montant dans sa gondole* ; dessin au crayon, rehaussé de sépia et d'aquarelle ; signé.

JOHANNOT (Alfred)

255. — *Seigneur dans sa chaise à porteurs entourée de porteurs de torche.* Dessin au crayon rehaussé de sépia. Signé.

LAMI (Eug.)

256. — Grandes lithographies originales : *Cavalerie de ligne, Lanciers. Cavalerie légère. Hussards*, 2 pièces, belles épreuves (une déchirée).

LAVOIGNAT

257. — *Bois gravés*, d'après Raffet et Steinheil, 9 pièces en fumés sur chine.

LITHOGRAPHIES DATÉES

258. — 1° *Paysage* exécuté en Allemagne, daté de 1807 ; 2° *Vue des environs de Paris*, prise du Petit-Gentilly ; signée et datée, C. B. 1822.

MEISSONIER (E.)

259. — Cinq bois d'après Meissonier, très belles épreuves sur chine ; trois de ces bois sont tirés des *Contes Rémois*, les autres du *Lazarille de Tormes*. Encadrés, cadre en bois sculpté.

260. — *Polichinelle*, tourné à droite (B. 18), très belle épreuve.

261. — *Le grand Fumeur* (B. 13), très belle épreuve sur chine, tirée du *Cabinet de l'amateur*.

262. — *Les Reitres* (B. 15), superbe épreuve sur papier ancien.

263. — *Les Reitres* (B. 15), très belle épreuve sur chine.

264. — 11 vignettes gravées sur bois par Lavoignat pour les *Contes Rémois*, en épreuves d'essai ou en fumés sur chine.
   Tête de moine, fumé sur chine de Lavoignat, d'après Meissonier.
   Les Reitres, fumé sur chine d'un bois gravé par Lavoignat.

MERYON (Ch.)

265. — *La salle des Pas-Perdus* (B. 7), in-folio en largeur, d'après Ducerceau ; très belle épreuve sur whatman avec dédicace, signée :
   A Monsieur Geoffroy
   son bien dévoué
                    C. Méryon.

266. — 1. — *Eaux-fortes sur Paris*, par Cн. Méryon. MDCCCLII (C. 3:); très belle épreuve sur la couverture du cahier.

2. — *Portrait de Ch. Méryon*, par F. Bracquemond. Superbe épreuve avec la mention $\frac{B}{\text{à C. M.}}$ imprimée en rouge, et avec l'adresse de Delâtre, rue St-Étienne-du-Mont.

3. — Frontispice : *ancienne porte du Palais de Justice* (31), avec l'inscription en vers pour ce frontispice (Qu'âme pure gémisse), imprimée en rouge ; très belle épreuve sur hollande.

4. — La même pièce. Très belle épreuve sur hollande, *sans l'inscription*.

5. — *Armes de la Ville de Paris*, 1854, in-8° (B. 35) : très belle épreuve sur hollande.

6. — *Le Stryge*, 1854, in-8° (B. 37) ; superbe épreuve, les vers effacés avec l'adresse de Delâtre, sur hollande.

7. — *Le Petit Pont* (B. 38). Très belle épreuve, avec les initiales C. M. et avant le titre, sur hollande.

8. — *L'Arche du pont Notre-Dame*, 1850, in-8° en l. 1853 (B. 39). Superbe épreuve, sur hollande, avec l'adresse de Méryon.

9. — *La Galerie de Notre-Dame*, in-8°, 1853 (B. 40). Superbe épreuve, sur hollande, avant le monogramme et avant les 5 Corbeaux.

10. — *La rue des Mauvais-Garçons*, in-8° (B. 41). Superbe épreuve avec les vers, sur hollande.

11. — *La Tour de l'horloge, au Palais de Justice*. grand in-8° (B. 42). Très belle épreuve, sur hollande, avec les initiales C. M. et avant le titre.

12. — *Tourelle, rue de la Tixéranderie* (B. 43). Superbe épreuve avec les initiales et avant le titre, sur hollande.

13. — *Saint-Étienne-du-Mont*, in-4°, 1852 (B. 44) Belle épreuve, du premier état, avec l'ouvrier les bras allongés : sur hollande.

14. — *La Pompe Notre-Dame* (B. 45). Superbe épreuve sur hollande de l'état terminé la signature redressée.

15. — *La Petite Pompe* (B. 46). Superbe épreuve sur hollande.

16. — *Le Pont-Neuf* (B. 47). Superbe épreuve sur hollande avec la cheminée et avec quelques traces des vers effacés.

17. — *Le Pont au Change* (B. 48). Superbe épreuve, sur hollande, avec un seul ballon.

18. — *La Morgue* (B. 50). Superbe épreuve, avec la signature et l'adresse.

19. — *L'Abside de Notre-Dame* (B. 52). Superbe épreuve, avec le nom et l'adresse de Méryon.

20. — *Tombeau de Molière* (au Père La Chaise) (B. 53) ; Très belle épreuve sur hollande.

21. — *Le Pilote de Tonga* (B. 60). *La loi solaire* (B. 74), deu· pièces, superbes épreuves sur hollande, tirées en noir et en rouge.

MILLET (J.-F.) (d'après).

267. — *Les Travaux des champs*, gravures sur bois par Lavieille; 10 pièces sur chine. Collées 2 à la feuille.

MONNIER (Henri).

268. — Lithographies diverses, 15 pièces dont 9 coloriées.

NIEL (Gabrielle).

269. — *Eaux-fortes sur le vieux Paris*. 7 pièces sous une couverture dont deux avec dédicace signée.

RAFFET.

270. — *Charge de Hussards républicains* (G. 374). *Lutzen* (G. 389). *Waterloo* (G. 329). *Ils grognaient et le suivaient toujours* (G. 414); ensemble 4 pièces, très belles épreuves.

271. — *Pauvres enfants ! que Dieu prenne pitié de leur âme* (G. 387). *Il est défendu de fumer, mais vous pouvez vous asseoir* (G. 385). *La Poursuite* (G. 353). *Abordez l'ennemi franchement à la baïonnette !* (G. 396) ; ensemble 4 pièces, très belles épreuves.

272. — *Serrez les rangs* (G.355). *Le moral est affecté chez l'Autrichien* (G. 370) ; 2 pièces, très belles épreuves ; lithographies diverses, 7 pièces ; ensemble 9 pièces.

TRIMOLET (Alphonse).

273. — Dessins originaux. Vues de Paris : *Marché aux Chevaux*, *Pont de Constantine*, *Pont de l'Estacade*, *Canal de la Bastille*, *Port de Bercy*, *l'Estacade* ; 2 dessins différents, ensemble 7 pièces.

274. — Eaux-fortes originales et reproductions, *Vues de Paris*, etc., ensemble 34 pièces, la plupart en épreuves d'artistes, quelques-unes avec dédicace signée.

275. — *Portrait de Béranger*, dessin au crayon, d'après un daguerréotype.

TRIMOLET (Louis).

276. — *Comic-Almanach*, douze eaux-fortes originales : 50 pièces, épreuves tirées quatre à la feuille, ou épreuves d'artiste sur chine.

277. — Croquis et dessins originaux pour les *Chansons populaires* ; 13 pièces.

278. — Dessins originaux : *Sainte-Geneviève*, *La fille de Zaïre*, 25 pièces.

279. — Illustration des *Mystères de Paris*, par Eugène Sue ; 54 pièces, croquis et dessins, quelques épreuves des gravures sur bois.

280. -- Illustrations diverses, épreuves d'essai, croquis et dessins. 38 pièces.

281. — *Napoléon à cheval*, d'après HORACE VERNET, 4 pièces dont une à l'état d'eau-forte pure et trois épreuves d'artiste sur chine.

282. — Quatre pièces pour les *Chansons populaires* sur chine et sur blanc en différents états.

283. — Vignettes pour les *Chansons populaires*, 14 pièces dont 8 en épreuves d'état ou d'artiste.

VALENTIN.

284. — Portrait de *de Flotte*, gravé d'après JOBBÉ-DUVAL, épreuve sur chine.

VIOLLET-LE-DUC (d'après).

285. — *La Patrie est en danger, Une Levée en masse, Une Situation grave*, 3 eaux-fortes, d'après ses dessins, par LÉON GAUCHEREL (?).

TAPISSERIES, TAPIS

286. — *Tapisserie de Bruges*, XVII⁰ siècle, représentant le sacrifice d'Abraham. Composition de 4 figures et d'animaux avec bordure à fleurs et arabesques.

287. — *Intéressant fragment de tapis persan* du commencement du XVI⁰ siècle, représentant, sur fond rouge semé de fleurs, un combat d'éléphants montés par des guerriers. Encadré.

ARMES

288. — *Joli petit fusil d'Infant*, bois finement incrusté d'ivoire, crosse évidée XVI⁰ siècle.

289. — *Sabre de Mahrajah*, lame gravée, poignée finement sculptée, forme tête de dragon enveloppée de rocailles. Fourreau cerclé de paille.

290. — *Poignard oriental* à lame courbe de damas, damasquinée d'or.

FAIENCES, PORCELAINES

GRÈS, BRONZES

291. — *Paire de grandes potiches*, avec couvercles en faïence de Delft forme à pans et cotelée, décor bleu sur blanc, à corbeille de fleurs. lambrequins et médaillons.

292. — *4 Plats en ancienne faïence de Perse*. décor à fleurs. palmes et feuillages.

293. — *Coupe à bords festonnés* en ancienne faïence de Nevers. décor à figures de chinois en bleu.

294. — *Deux autres coupes*, décor dans le même goût.

295. — *22 Assiettes de Delft*, décor bleu et polychrome, à la foudre. au perroquet, à rosaces et ornements.

296. — *Grand plat rond de Delft*, décor bleu sur blanc à sujet chinois.

297. — *Grand plat de Nevers*, décor à sujet siamois en bleu sur blanc.

298. — *4 Coquilles en faïence de Strasbourg*, décor à la tulipe et à l'œillet.

299. — *Compotier en vieux Rouen*, décor à la corne.

300. — *Couvercle de glacière en vieux Rouen*, décor bleu sur blanc.

301. — *Plat à bords festonnés en vieux Delft*, décor à fleurs et rosaces en bleu

302. — *Plat en vieux Delft*, décor au cygne et paysage en bleu.

303. — *Petit baril à deux compartiments en ancienne faïence de Sinceny*, décor polychrome.

304. — *Petite coupe de vieux Nevers*, fond bleu, décor à fleurs en jaune d'ocre et *sopra bianco*.

305. — *Saladier en vieux Moustiers*, décor en jaune d'après Callot.

306. — *Soupière avec plat et couvercle en vieux Strasbourg*, décor à fleurs.

307 — *Soupière avec couvercle en vieux Rouen*, décor à fleurs, polychrome.

308. — *Plat oblong en vieux Rouen*, à la corne.

309. — *Compotier en vieux Rouen*, décor à rosace polychrome.

310. — *Petit compotier en vieux Rouen*, décor à la corne.

311. — *Soupière avec couvercle et plat de Marseille*, décor au bluet.

312. — *Sucrier forme coquillage avec sa cuillère en vieux Marseille*, décor à fleurs.

313. — *13 Assiettes de Delft*, décor bleu et polychrome.

314. — *10 Assiettes vieux Strasbourg*, décor à fleurs.

315. — *Petit plateau de Strasbourg*, décor à fleurs.

316. — *2 Plateaux carrés en vieux Strasbourg*, à la rose.

317. — *Jardinière en vieux Rouen*, décor bleu sur blanc.

318. — *2 Plats octogones en vieux Rouen*.

319. — *4 Assiettes en vieux Chine*.

320. — *1 Vase en ancienne porcelaine de la Chine*, décor à lambrequins et médaillons en bleu.

321. — *Cruchon en grès brun*, anse tortillon, panse armoriée. Flandres XVIᵉ siècle.

322. — *Vase en bronze du Japon*, patine rouge, à tête chimérique. Décor lambrequins.

www.ingramcontent.com/pod-product-compliance
Ingram Content Group UK Ltd.
Pitfield, Milton Keynes, MK11 3LW, UK
UKHW031801170726
13836UKWH00003B/1109